LA

R.SOLUTION

SUPRÉME APPEL A L'ASSEMBLÉE NATIONALE

PARIS

E. DENTU, LIBRAIRE-ÉDITEUR

PALAIS-ROYAL, 17 ET 19, GALERIE D'ORLÉANS

1874

LA SOLUTION

O Navis.....!
(Hor., *Od*. XIII, liv. i.)

..... *Nec mergitur,* peut-on dire encore avec une juste fierté en appliquant à la France la devise de sa capitale.

Mais il n'est peut-être que temps de préserver ce grand et beau navire, naguère en détresse, des nombreux écueils vers lesquels le poussent les flots déchaînés des ambitions les plus ardentes sur la mer si orageuse du suffrage universel.

Conjurer de grands et imminents périls en montrant que c'est la boussole qui a fait défaut jusqu'ici plutôt que les pilotes; jalonner en quelque sorte la route qui conduit au port, tel est l'objet d'une rapide étude dont les dimensions ne dépasseront pas celles d'une simple esquisse.

Etablissons d'abord, ce qui n'est pas contesté et ne

saurait l'être, que, depuis près d'un siècle, la France est dévoyée, qu'elle a comme perdu son gouvernail, oscillant d'un gouvernement à un autre sans avoir pu reprendre encore son assiette politique.

Concluons ensuite — et encore *d'un commun accord* — qu'une telle chronicité dans l'instabilité ne peut tenir qu'à de graves infractions à des lois fondamentales des associations humaines.

Avoir signalé ces dérogations, causes *efficientes* de la versatilité de nos institutions, sera le pas le plus décisif qui se puisse faire dans la recherche du remède au mal dont nous souffrons si profondément et depuis si longtemps.

Les vérités *philosophiques* se distinguent des autres en ce qu'elles sont de tous les temps et de tous les pays, à la condition d'en rendre les applications plus ou moins rigoureuses selon les époques et les nations, ou — pour la même nation — à des âges différents de sa vie collective.

On doit chercher dans les inspirations du bon sens, qui est à la pratique, dans l'ordre des faits, ce que la logique est à la théorie, dans l'ordre des idées, la mesure du *déchet* que les imperfections humaines infligent à tout principe dans son passage de l'état abstrait à l'état concret. La proportion de ce déchet est variable avec les temps, les lieux et les circonstances. Sa détermination est un acte de jugement.

Que de fois on a erré pour n'avoir que raisonné, ou même pour avoir raisonné trop juste; c'est-à-dire pour n'avoir point fait de part, ou pour n'avoir pas fait une juste part aux exigences de la réalité !

Il faut donc considérer les notions générales et d'ordre éternel comme autant de phares dans la zone de lumière desquels on devra toujours rester pour éviter les récifs, et pouvoir, à un moment donné, mesurer une sorte d'angle de déviation par rapport à une direction normale, ou bien la distance à laquelle l'on se trouve d'un même *méridien*.

Par l'absence d'un tel repère, on s'expose, de déviations en déviations, à avoir — à son insu — le dos tourné au but vers lequel on croyait tendre.

1

La première des vérités *nécessaires*, — pour employer une épithète célèbre — est dans le lien du présent avec le passé. Ce lien constitue, dans l'individu, le *moi* philosophique ; dans l'ordre privé, l'esprit de famille ; dans l'ordre public, l'esprit de nationalité.

C'est l'idée, ou plutôt le sentiment de la tradition. Le signe le plus frappant de son relâchement se voit dans le peu de cas que les enfants font de l'expérience acquise par les pères, d'où suit un manque de cohésion entre les membres d'une même famille. Or, la société se composant de familles, quelle peut être la solidité de l'édifice si les matériaux employés ne sont pas consistants, si, de plus, le ciment qui devait les unir a perdu sa force par l'absence, entre les membres

d'une même association, de souvenirs et d'enseignements communs?

En outre, le manque de liaison du jour avec la
veille supprime fatalement la confiance dans le lendemain, garantie essentielle de bien-être pour le présent. La chaîne des temps rivée *au rocher des siècles*
est rompue, et le navire, livré à tous les hasards de
la pleine mer, se trouve à la merci des flots.

II

La proclamation *républicaine* de l'égalité constitue
une contre-vérité philosophique, par conséquent une
seconde aberration aussi grave que dangereuse.

Les inégalités sont, en effet, partout en ce monde,
et l'égalité ne s'y rencontre nulle part. Les hommes
nés inégaux physiquement, moralement, intellec-
tuellement, se développant inégalement, s'assemblent
ensuite d'après des ressemblances très-diverses. De
là des groupes ou classes qui sont, dans la société,
comme sont des liquides de densités différentes dans
un même vase où le trouble persistera tant que ces
liquides ne seront pas disposés dans l'ordre de leurs
pesanteurs relatives.

Quel exemple de ce que peuvent la classification et
la hiérarchie nous est offert par l'admirable organisa-
tion de l'armée! N'a-t-on pas dit souvent que chaque
soldat avait son bâton de maréchal dans sa giberne?
Qu'il en soit ainsi du citoyen pour toute position sociale. Apprenons à ne voir dans l'aristocratie que le

plus haut des échelons et à lui attribuer les caractères d'une propriété *morale* acquise par des services rendus au pays, et dont la transmission vaut bien d'être respectée à l'égal de celle de la propriété proprement dite dont l'origine n'est même pas toujours avouable.

Qu'on reconnaisse, en un mot, que l'égalité ne peut et ne doit consister que dans l'*accessibilité de tous à tout*.

Il suit de cette définition que l'inégalité est la vraie raison d'être de l'émulation et par conséquent du progrès.

III

La notion de liberté n'a pas été mieux comprise dans son acception générale. On oublie que si *l'homme naît libre*, comme a dit un publiciste, *l'homme en société ne l'est plus*. Si le premier point est contestable, le second assurément ne l'est pas. Aussi est-ce sur la part de sa liberté native que chacun a à abandonner en échange des avantages et par suite des nécessités de la vie en commun, qu'il serait salutaire d'appeler l'attention et de faire porter les enseignements.

La confusion faite, il y a quatre-vingts ans, des droits de *l'homme* avec ceux du *citoyen* a été peut-être la principale source de nos plus grands malheurs.

IV

L'instruction telle qu'on la pratique est encore une de nos erreurs et justifie l'énergique conclusion d'un écrit de Ch. Nodier sur les dangers d'une diffusion inconsidérée des lumières. *Jetez ce livre,* disait-il en s'adressant au peuple, *il est amer.*

L'instruction ne saurait devenir bonne pour *tous* qu'à la condition d'être étroitement liée avec l'éducation, celle-ci étant considérée comme la manière de se servir de celle-là. — L'instruction ne développe que nos facultés *intellectuelles;* l'éducation est la culture de nos facultés *morales.* Par l'une on fait naître et on surexcite les idées de *droit;* par l'autre, on développe la notion du *devoir,* correctif naturel et nécessaire d'aspirations et de prétentions qui, sans elle, sont aussi nuisibles au bonheur des individus que funestes au bien-être général.

L'instruction à donner appartient aux hommes; l'éducation doit être la tâche des femmes, et l'on pourrait dire que l'instruction de celles-ci est destinée à se transformer en éducation de ceux-là. Aussi les écoles de filles jeunes ou adultes devraient-elles devenir l'objet d'une sollicitude de prédilection. Car, à défaut de parallélisme dans le développement de ces deux ordres de facultés, c'est en faveur de l'éducation qu'il faudrait désirer voir s'établir l'absence d'équilibre. On préparerait ainsi un des plus grands progrès à accomplir, le triomphe des supériorités morales sur les supériorités intellectuelles, du caractère sur le talent. Le nom de Washington dominerait alors celui de Napoléon.

V

Nos imperfections sommairement signalées, essayons de montrer, en abrégé aussi et en allant au plus pressé, quelles seraient — plus spécialement en politique — les conséquences à tirer, de par le simple bon sens, des prémisses posées.

Le mérite d'une forme de gouvernement peut être apprécié à *trois* points de vue :

1° En elle-même, c'est-à-dire *théoriquement*.

2° Dans ses rapports avec l'état des esprits et les mœurs d'un peuple à une époque déterminée, c'est-à-dire *pratiquement*.

3° Dans les relations de ce même peuple avec les autres peuples, c'est-à-dire *internationalement*.

A. — *Philosophiquement*, la république est le gouvernement propre à la démocratie. Or, le principe démocratique moderne est incompatible, de sa nature, avec toute hiérarchie politique ou sociale. Il entraîne l'*uniformisation* des droits et des situations. On le voit par l'attribution à *tous* du titre d'électeur, et par la substitution de la qualification de *citoyen* à celle de *monsieur*, un des premiers actes des initiateurs du régime républicain.

Mais, d'autre part, le monde est un composé d'inégalités de toute nature et de toutes proportions, et nous avons vu qu'elles rendent seules possible le passage d'une situation à une autre et que, sans elles, le progrès n'existerait pas.

Les promoteurs de l'égalité quand même ne sont donc pas des hommes *de progrès* — dans le sens sérieux du mot — et il est curieux de voir comment, sous prétexte d'égalité, on a réellement inauguré le règne du *privilége* sur la plus large des bases en faveur des *incapacités* électorales. Qu'est le privilége, en effet, sinon l'exercice d'un droit sans titres à l'exercice de ce droit? « Il n'y a pas de droit sans capacité pour l'exercer, » a dit un éminent polémiste (1).

Cette définition trouve sa preuve dans cette observation que les médecins, les avocats, les notaires, etc., bien qu'exerçant des monopoles, n'ont jamais passé, dans l'esprit public, pour des privilégiés.

La raison en est qu'on a eu le sentiment qu'ils avaient des titres plus ou moins laborieusement acquis à l'exercice de leur profession, à l'exclusion des autres.

Le suffrage universel constituant une égalité de droits mensongère devient, par cela même, la source d'aspirations à toutes sortes d'autres fausses égalités et agit comme un ferment antisocial.

Le gouvernement démocratique ou républicain déclaré, par ses adeptes les plus autorisés, inséparable du suffrage universel tel qu'il est pratiqué depuis vingt-cinq ans, n'est donc pas une forme normale de gouvernement, puisqu'il se trouve en contradiction

(1) John Lemoinne.

manifeste avec les lois générales et constantes de l'humanité.

B. — Ce gouvernement serait-il exceptionnellement et transitoirement celui qui conviendrait à notre pays?

L'histoire, — ce juge inflexible et en dernier ressort, — répond négativement par les récits les plus tristes et les plus significatifs de nos annales contemporaines.

Elle nous montre qu'à chaque avénement de la république les mêmes désordres, les mêmes violences se sont fatalement produits. A 1792 a succédé 1793; — après le 24 février 1848, les journées de juin; après le 4 septembre 1870, le 31 octobre (sous le canon prussien!); puis le 18 mars 1871 avec la Commune, de sinistre mémoire.

On a toujours vu la démagogie avec son cortége obligé d'excès ou de crimes, suite *nécessaire* et *inséparable* de la démocratie (1). On a toujours eu le spectacle étrange d'un gouvernement attaqué par des ennemis sortis de ses propres flancs avec plus de violence que la monarchie ne l'a jamais été par ses ennemis naturels.

(1) Le même phénomène se rencontre sur le terrain religieux où l'on voit le protestantisme démagogiquement envahi par le *libéralisme*, celui-ci ayant pour point de départ le libre examen faussé dans son principe, et pour point d'arrivée la libre pensée. C'est toujours et partout la liberté *non pondérée* dégénérant en licence. L'Eglise réformée de France aurait aussi sombré si elle n'eût été sauvée par une sorte de *fédéralisation* et l'appui qu'elle a trouvé dans sa loi concordataire.

Les élections du 27 avril 1873 ont montré que la république *conservatrice*, bizarre variante inventée et préconisée par des monarchistes, devait infailliblement subir le sort de ses congénères.

Une telle succession de FAITS défie toute discussion.

Des causes *permanentes* peuvent seules présider au retour si rigoureusement constant des mêmes événements.

Aux causes *efficientes* que nous avons déjà signalées, il faut en joindre une *occasionnelle* et *locale* : la légèreté du caractère français qui impose, à titre de contre-poids, la forme de gouvernement la plus stable. « Votre fille crache blanc, disait Molière, donnez-lui de l'encre. »

On sait avec quelle effrayante rapidité nous passons, en France, d'un extrême à l'autre, de la licence à la servitude ou réciproquement. Il faut chercher un remède à ces inconséquences nationales dans un système politique qui donne satisfaction, dans une sage mesure, à nos aspirations libérales, en même temps qu'il nous préserve contre le retour d'un joug quelconque autocratique ou démagogique, notre impuissance à nous en garantir seuls étant historiquement établie.

C'est pour nous surtout qu'est vraie cette maxime d'un homme d'autant de sens que d'esprit, dont la perte prématurée a laissé un grand vide (1) :

« *L'homme ne s'appuie que sur ce qu'il n'a pas créé!* »

_____

(1) Saint-Marc Girardin.

grande et simple vérité qui répond à ce principe de statique que le *point d'appui doit être* EN DEHORS *de celui qui s'en sert.*

C. — Fonder définitivement une *grande* république en pleine Europe monarchique au moment même où la France se trouve n'avoir jamais eu un aussi impérieux besoin d'alliances, serait perdre une seconde fois et pour toujours nos deux malheureuses provinces dans les conditions d'un abandon *volontaire.*

Et pourtant, est-il un seul Français qui puisse avoir renoncé à leur retour dans le sein de la patrie en deuil, soit pacifiquement, soit par une nouvelle et terrible guerre?

Ajoutons que la conséquence forcée de cette dernière éventualité et de notre isolement est la permanence de grandes armées. Celle-ci est une cause d'énormes dépenses et sera une source d'appréhensions inévitables de solutions *à l'espagnole* tant que les grandes situations militaires n'auront pas au-dessus d'elles la seule autorité capable de les dominer, celle d'un souverain inamovible et héréditaire.

Sur ce troisième point, toute démonstration serait surabondante. Ces graves conséquences de la fondation de la république, aussi lamentables que certaines, dispensent de tout commentaire.

CONCLUSION. — Ainsi le gouvernement monarchique qui reposerait, d'ailleurs, sur des institutions assurant à la fois l'ordre et la liberté, et qu'on pourrait montrer préférable par ses mérites propres, s'impose à nous comme préservatif de tous les maux fatalement inhérents au système républicain condamné par la philosophie et par l'histoire.

CONSÉQUENCES.

Appliquons maintenant à la situation actuelle les considérations générales qui précèdent, faisant une juste et prudente part aux idées et aux faits, et tirant entre ces deux éléments de toute décision régulière une sorte de *résultante* ou moyenne éclectique.

Le *définitif* n'existe jamais avec la forme républicaine, et, dans le système monarchique dont il est le principal mérite, il est devenu *temporairement* impossible. Contentons-nous ; — puisque aussi bien nous n'avons pas le choix — de faire du *défini*, solution d'ailleurs suffisante pour fixer le présent, préparer l'avenir et nous assurer un lendemain.

Le *défini* consisterait dans les proclamations suivantes :

1° Le gouvernement de la France est *monarchique constitutionnel ;*

2° L'entente n'ayant pu s'établir sur tous les points, dans les conditions du droit politique moderne, entre le monarque et la nation, un interrègne est déclaré. Il sera rempli pendant sept ans par le maréchal de Mac-Mahon avec le titre de lieutenant-général du royaume (1).

(1) Entre ce titre et celui qui a été simplement continué, le 20 novembre 1873, avec le caractère provisoire de son origine, il y a la diffé-

3° A l'expiration de ces sept années, ou dans le cas de mort ou de démission, les pouvoirs publics aviseront, en assemblée plénière, au moyen de mettre un terme à l'interrègne par un accord à intervenir entre les représentants de la nation et celui de la royauté, ou prolongeraient cet interrègne dans le cas où l'accord désiré n'aurait pu être obtenu.

On le voit, il s'agirait — pour parler la langue de la polémique courante — de la préférence à donner à l'*impersonnel* monarchique sur l'*impersonnel* républicain.

Il est à remarquer qu'une telle solution ne saurait être trouvée étrange par les auteurs ou les adhérents de la *Constitution Rivet* sous le régime de laquelle on vit depuis trois ans. L'institution d'une monarchie avec une sorte de vice-roi serait même moins anormale et présenterait certainement des garanties de stabilité plus grandes que la situation précisément inverse, celle d'un président de la république sans république proclamée.

Dans le premier cas, un principe serait définitivement adopté qui supprimerait la cause principale de nos divisions et des incertitudes de l'avenir.

Disons, en passant, que le principe de l'hérédité auquel nous devrions cette sécurité du lendemain, est la seule différence réelle qui existe entre les deux formes de gouvernement, et avait valu à la royauté

rence de la réalité à la fiction. La substitution de l'un à l'autre serait la conséquence régulière de l'application des lois constitutionnelles qui doivent déterminer les conditions nouvelles des pouvoirs du Maréchal.

constitutionnelle, de la part du plus compétent des juges, la qualification de *la meilleure des républiques*.

Quant aux pouvoirs constituants de l'Assemblée nationale, ils ont été maintes fois reconnus, par M. Thiers lui-même, et par les républicains de toute nuance dans le vote du 15 juin.

Que si, investie d'une telle autorité morale et légale, et placée dans des circonstances d'une gravité extrême, cette Assemblée n'obéissait pas, en même temps, à la loi suprême du *salus populi*, la responsabilité de l'avenir du pays pèserait de tout son poids sur elle, et ce poids serait accablant. Son inaction équivaudrait à une abdication, à la démission du capitaine d'un navire en pleine tempête.

La conséquence fatale (dans la double acception du mot) serait une solution *plébiscitaire* — si ce n'est de nom — certainement de fait. Les nouvelles élections, en effet, auraient pour caractéristique le mandat plus ou moins impératif donné à chaque député de voter pour la monarchie ou pour la république.

Ainsi la destinée de la France serait décidée dans ce qu'on a appelé *ses comices*, en dehors des lumières et des garanties de la discussion, dans des conditions d'inconscience absolue, comme le prouvent la facilité et la rapidité avec lesquelles on est passé — de par les fluctuations du suffrage universel directement consulté — d'un régime de liberté exagérée à un despotisme qui n'a pas été subi, mais *acclamé* pendant dix-huit ans.

Quelle preuve plus *tangible* que cette transition aussi subite que profonde de l'infidélité des manifestations plébiscitaires, vérifiant si bien la justesse du jugement porté par un illustre homme d'Etat (1) qui a dit de la multitude, que *son intervention avait toujours quelque chose de funeste, même dans les rares circonstances où elle avait raison.*

Peut-on sérieusement prétendre que les mœurs d'un peuple, ayant nécessairement pour base des questions de race et de climat, aient pu changer en quelques années ? Des évolutions de cet ordre ne peuvent être que le produit des siècles qui sont les ans de la vie des nations.

Sur le terrain du *nombre*, d'ailleurs, avant que l'instruction et l'éducation solidairement unies aient reçu leur entier développement, il ne saurait y avoir d'opinion publique proprement dite, c'est-à-dire d'opinion *personnelle* éclairée.

Les votes de 1848 et de 1852 rapprochés l'un de l'autre en sont un témoignage *matériel* éclatant.

Il n'existe et ne peut exister dans les masses que des *instincts* et nécessairement des instincts de conservation auxquels une occasion sans précédent de s'affirmer *spontanément* s'est offerte aux élections du 8 février 1871.

On n'a pas assez remarqué, surtout on n'a pas assez *voulu* remarquer qu'à cette époque vraiment unique un souffle puissant et fécond en inspirations patrioti-

(1) M. Guizot.

ques animait et entraînait les cœurs. Cet état des esprits et la rapidité avec laquelle les élections furent
préparées n'avaient pas permis aux partis d'exercer
leur action impulsive sur les électeurs dont, en temps
ordinaire, on connaît la facilité à se porter, avec l'inconscience des flots de l'Océan, dans les sens les plus
divers, souvent les plus contraires, plus accessibles
qu'ils sont à la violence des vents que capables d'en
apprécier la direction.

Le fond des sentiments généraux — nous ne disons
pas des idées — n'avait donc pu encore être atteint
par l'action de la presse, de ce pouvoir extra-légal
exercé sans mandat ni contrôle, et n'en tenant pas
moins les pouvoirs réguliers en échec. Autre anomalie
d'autant plus dangereuse qu'ici les calculs des ambitions privées se cachent sous le voile du bien public
présenté bruyamment comme *but*, quand il n'est
réellement qu'un *moyen*.

Qu'on veuille bien prendre garde que chaque jour-
nal, ou plutôt chaque journaliste, se donne pour l'or-
gane du pays tout entier, et on aura établi, *ipso facto*,
à quel point le *vrai* pays est étranger, en réalité, à ce
qui se dit en son nom.

Pauvre pays qui n'a et ne peut avoir besoin que
d'*être gouverné*, à la condition que ce soit POUR *lui-même* et non CONTRE *lui-même*, ce qui n'arrive que trop
souvent à la faveur des apparences d'une participation
directe de tous au gouvernement.

On voit par là combien sont peu fondés tous les
arguments contre l'autorité de l'Assemblée tirés des

élections partielles. La vérité est, contrairement aux apparences, que ces élections sont venues amoindrir la fidélité de la représentation nationale. On ne doit y voir que les produits de courants *factices* auxquels le chiffre des abstentions et le souvenir des votes plébiscitaires enlèvent toute valeur sérieuse. De là les droits moraux exceptionnels et les devoirs impérieux de la majorité actuelle.

Dieu veuille que le sentiment de la grandeur et de l'imminence du péril, la pensée d'un acte de sauvetage suprême à accomplir, la conviction qu'elle peut — *et peut sans révolution* — tout ce qu'elle saura vouloir, donne enfin à cette majorité la cohésion qui lui manque.

Caveant Consules!

Puisse ce cri d'alarme, poussé par une simple sentinelle, être entendu de ceux à qui il s'adresse et accueilli par eux dans le sentiment de sollicitude patriotique qui remplit d'émotion et d'angoisse le cœur de celui qui a écrit ces lignes !

A. ANGLIVIEL,
Ancien conseiller général du Gard.

6521. — Paris. Typ. de Ch. Meyrueis, 13, rue Cujas, — 1874.

www.ingramcontent.com/pod-product-compliance
Lightning Source LLC
Chambersburg PA
CBHW060717280326
41933CB00012B/2457